AF310806

LOI

VOTÉE PAR LA CHAMBRE

ÉTABLISSANT

L'IMPOT SUR LE REVENU

Prix : O fr. 20

LYON
IMPRIMERIE J. PONCET
Rue François-Dauphin, 18

1909

CE QU'ON PAIERA

Nous donnerons un peu plus loin le texte de la loi, mais nous allons en faire, tout d'abord, un rapide commentaire pour que chacun puisse calculer ce qu'il aura à payer.

Nous diviserons ce travail en quatre parties :

1º Impôts futurs sur chaque source particulière de revenus ;

2º Impôts futurs que paieront les sociétés et qui diminuera d'autant le revenu des actionnaires comparativement à leur revenu actuel ;

3º Impôt complémentaire sur le revenu global ;

4º Suppression de certains des impôts actuels.

I

Impôts futurs sur chaque source particulière de revenus.

§ 1. — IMPOT SUR LE REVENU DES PROPRIÉTÉS BATIES

Pour une maison d'habitation, l'impôt sera de 4 % sur les 3/4 du montant des loyers qui sont effectivement perçus ou qui le seraient si la maison était habitée tout entière. Cette déduction d'un quart est censée représenter les non-valeurs, vacances de loyers, réparations diverses.

S'il s'agit d'une usine, l'impôt de 4 % ne sera perçu que sur les 2,3 de cette valeur locative.

Exemple : Une maison d'habitation est louée 2.000 fr. ; l'impôt sera de 4 % sur 1.500 fr., c'est-à-dire de 60 fr. S'il s'agissait d'une usine, il serait de 53 fr. 33. A l'heure qu'il est, l'impôt équivalent est seulement de 3 fr. 20 sur les mêmes chiffres, soit respectivement de 48 fr. et de 42 fr. 65.

Exemption : Tout propriétaire habitant sa maison sera exempt à la double condition :

1º Que son logement ne vaille pas plus de 80 francs ;

2º Qu'il prouve ne pas avoir plus de 1.250 francs pour vivre lui et sa famille.

Hypothèques. — L'intérêt des créances hypothécaires dues par le propriétaire sera déduit du calcul du revenu de la maison.

§ 2. — IMPOT SUR LE REVENU DES PROPRIÉTÉS NON BATIES

L'impôt sera de 4 % sur le revenu de la terre, tel qu'il sera établi par des travaux d'évaluation non encore exécutés, après déduction d'un cinquième pour non-valeurs quelconques, et après séparation du revenu des bâtiments s'il s'agit d'un domaine loué terres et maison ensemble.

Exemple : Un domaine est loué 1.200 francs, dont 200 sont censés représenter la location des bâtiments. La terre paiera 4 % sur les 4/5 de 1.000 francs, soit 4 % sur 800 francs ou 32 francs.

Exemption : Il n'en existera qu'aux conditions suivantes :
1º Que le propriétaire cultive lui-même ;
2º Qu'il prouve ne pas avoir 1.250 francs pour vivre.

A ces deux conditions réunies, il ne paiera rien pour les premiers 625 francs du revenu de la terre ; il ne paiera qu'à raison de 2 % sur la portion de revenu comprise entre 625 et 1.000 francs ; il ne paiera que 3 % sur la portion comprise entre 1.000 et 1.250 francs.

Hypothèques : Mêmes exemptions que pour les maisons.

§ 3. — IMPOT SUR LE REVENU DES CAPITAUX MOBILIERS

Cet impôt frappera :
1º Les coupons de valeurs quelconques françaises ou étrangères, y compris la rente française qui était indemne jusqu'à présent à raison des engagements que l'Etat avait pris et qui moralement n'étaient pas niables ;
2º Les intérêts de créances quelconques, avec ou sans hypothèques, résultant de prêts, de comptes courants, de soultes de partage, de dettes de prix de vente, etc., etc. ;
3º Les bénéfices, honoraires, jetons de présence attribués à des gérants, directeurs, administrateurs de Sociétés industrielles, financières, etc., etc.

Cet impôt sera de 4 %.

En seront exempts :
1º Les intérêts de livrets de Caisses d'épargne (on sait que les livrets ne peuvent pas porter plus de 1.500 francs en capital, c'est-à-dire rapporter plus de 48 fr. 75, calculés au tarif de 3 1/2) ;
2º Les pensions alimentaires servies entre particuliers (par exemple une pension que le mari séparé paierait à sa femme), pourvu qu'elles ne dépassent pas 5.000 francs : au cas contraire, elles supporteraient le 4 % sur la totalité. Exemple : impôt de 240 francs sur une rente de 6.000 francs qu'un mari séparé paierait à sa femme ;
3º Les rentes sur l'Etat, à la double condition que le porteur n'en ait pas pour plus de 625 francs de revenu au total et qu'il prouve que lui et sa famille n'ont pas plus de 1.250 francs pour vivre. Ainsi, une domestique qui aurait 500 francs de gages, plus son logement et sa nourriture estimés 800 francs, paierait l'impôt de 4 % sur la rente française qu'elle posséderait.

Pour un milliard de coupons de rente payés à ses créanciers, l'Etat percevra donc 40 millions, sauf les dégrèvements des petits rentiers ayant moins de 625 francs de rente et moins de 1.250 francs de revenu total quelconque.

§ 4. — Impot sur les bénéfices du commerce, de l'industrie et des professions similaires

Cet impôt frappera les négociants, industriels, professeurs, représentants de commerce, etc.

Il sera de 3 fr. 50 par 100 francs de revenu professionnel, ce revenu étant le revenu moyen des trois dernières années, ou bien seulement de la première ou des deux premières si la profession est exercée depuis moins de trois ans.

Ce revenu est déterminé par l'excédent des recettes sur les dépenses professionnelles. Mais qu'est-ce que les dépenses professionnelles ? Le commerçant y comprendra bien le traitement de ses employés et la location de son magasin ; mais on ne sait pas exactement ce qui pourra être défalqué.

Cet impôt comporte :

1° Une exemption totale, lorsque le contribuable justifiera qu'il n'a pas pour vivre, lui et sa famille, au moins 1 250 francs.

2° Une réduction en faveur des commerçants, etc., n'ayant pas un revenu professionnel de plus de 20.000 francs. En ce cas, le contribuable ne sera taxé que sur :

1/7 de son revenu jusqu'à 1.500 francs ;
1/3 de 1.500 à 2.500 francs ;
3/4 de 2.500 à 5.000 francs ;
Et le surplus au taux plein.

Si le revenu professionnel dépasse 20.000 francs, le taux plein de 3 fr. 50 sera perçu sur la totalité.

Exemples : Un commerçant qui a un revenu net de 10.000 francs paiera 3,50 % sur 214,28 + 333,33 + 1.877,78 + 5.000 = 7.425 fr. 39, soit 259 fr. 87 d'impôt ; et un commerçant qui a un revenu professionnel de 21.000 francs, paiera 3,50 % sur cette somme, soit 735 francs.

§ 5. — Impot sur les bénéfices de l'exploitation agricole.

Cet impôt sera payé par le cultivateur, soit fermier, soit propriétaire : s'il est propriétaire, cet impôt se superposera à l'impôt de 4 % déjà vu aux §§ 1 et 2.

Il sera de 3 % de ce que l'on sera censé gagner à cultiver la terre. Ce gain sera calculé à moitié de la valeur locative réelle de la propriété. Ainsi un domaine qui serait affermé 1.000 francs (location des bâtiments non comprise), ou qui pourrait l'être à ce prix, serait censé rapporter 500 francs au cultivateur. Seule, la fraction au-dessus de 5.000 francs de valeur locative serait censée donner un revenu agricole égal à deux tiers du fermage réel et possible.

De plus, le cultivateur sera exempt d'impôt sur le revenu agricole si ce revenu prétendu n'atteint pas 1.250 francs, ce qui supposera un fermage ne dépassant pas 2.500 francs. Pour les fermages entre 2.500 francs et 4.000 francs, c'est-à-dire pour les revenus agricoles entre 1.250 et 2.000 francs, le cultivateur ne payera que 1 % sur ce qui excédera 1.250 francs; de même il ne payerait que 2 % sur ce qui excéderait 2.000 francs (fermages entre 4.000 et 6.000 francs.)

§ 6. — IMPOTS SUR LES TRAITEMENTS ET SALAIRES.

Le tarif de l'impôt est ici de 3 %.

Toutefois le salarié ou fonctionnaire voit ses appointements exemptés en totalité :

Jusqu'à 1.500 francs dans les localités de moins de 10.000 habitants ;

Jusqu'à 2.000 francs dans les communes de 10.000 à 100.000 habitants ;

Jusqu'à 2.500 francs dans les villes de plus de 100.000 âmes ;

Jusqu'à 3.000 francs à Paris.

En outre, chaque contribuable jouira d'une réduction :

De 5/6 pour la portion inférieure à 3.000 francs ;

De 4/6 entre 3.000 et 3.500 francs ;

De 3/6 entre 3.500 et 4.000 francs ;

De 2/6 entre 4.000 et 4.500 francs ;

De 1/6 entre 4.500 et 5.000 francs.

Prenons, par exemple un employé de commerce gagnant à Lyon 5.000 francs. Il sera exempt pour les 2.500 francs premiers; pour le surplus, il paiera 1/2 % sur 500; 1 % sur 500; 1 1/2 sur 500; 2 % sur 500; 2 1/2 sur 500 : soit ensemble 27 fr. 50.

§ 7. — IMPOT SUR LE REVENU DES PROFESSIONS LIBÉRALES.

Cet impôt frappera les médecins, notaires, etc., etc. Il sera de 3 % du revenu de l'année précédente : mais on ignore comment ce revenu sera calculé, et notamment si le médecin devra le supporter sur le montant brut de ses honoraires, non défalqués les frais de voiture et autres nécessités par sa profession.

Remarques générales : Sont complètement exonérés sur la fraction de leur revenu ne dépassant pas 625 francs, à condition que le revenu total n'excède pas 1.250 francs :

1° Les personnes qui, par suite de leur âge ou de leur état de santé, ne peuvent se livrer à aucun travail;

2° Les veuves qui ont à leur charge un ou plusieurs enfants ayant moins de seize ans révolus;

3° Les orphelins mineurs.

Ce dégrèvement ne peut se cumuler avec ceux qui sont prévus dans chaque cédule.

Les impôts sur les revenus donnent lieu, en outre, à une observation générale sur laquelle il est indispensable d'appeler l'attention.

C'est que les revenus ne sont point quelque chose d'aussi net qu'il semble. De quoi sont faits les revenus du médecin ? De ceux de ses malades. Les revenus du boucher, du boulanger, du marchand quelconque ? De ceux de leurs clients.

A cet égard, la distinction n'existe clairement que pour les salaires ou appointements du personnel de l'industrie et du commerce. Ainsi un négociant ou industriel vend des marchandises pour 100.000 francs de plus qu'il n'a acheté de matières premières ou de marchandises à vendre : mais il a payé 5 000 francs de loyer pour son magasin ou son atelier, et 70.000 francs de main-d'œuve ; ces 5.000 francs de loyer comptent en revenus au propriétaire de la maison et ces 70.000 francs en revenus à son personnel ; donc son revenu professionnel est seulement de 25.000 francs. Ensuite cet individu paye 1.000 francs à son médecin, 1.000 francs à son notaire, 1.500 francs à sa cuisinière (logement, nourriture et éclairage compris) ; cette fois-ci l'Etat trouve 28.500 francs de revenus à imposer, tout simplement avec les 25.000 francs de revenus du commerçant ou industriel, qui ont fait ceux du médecin, du notaire, de la domestique. De même pour les revenus du boulanger, etc.

II

Impôts futurs payés par les sociétés en sus des impôts précédents.

Ici il y a suppression :

1° Du droit de timbre proportionnel qui était de 0 fr. 06 par 100 francs du capital nominal des sociétés ou bien par 100 francs du montant des emprunts émis, ces derniers étant calculés au pair de remboursement. Pour une action de 500 francs, cela faisait 0 fr. 30 par an, soit à peine un peu plus de 1 % du dividende si l'action rendait 5 % ;

2° Du droit dit de transmission sur les titres au porteur, calculé précédemment à 0 fr. 20 par 100 francs de valeur vénale du titre, et calculé depuis le 1er janvier 1909 à 0 fr. 25 de ces mêmes 100 francs. Sur un titre coté 500 francs en moyenne dans l'année précédente, ce droit de transmission représentait 1 franc par titre et par an au taux de 0 fr. 20, et 1 fr. 25 au taux de 1 fr. 25. On pouvait l'estimer à 5 % ou 6 1/4 % du revenu, si le titre de 500 francs, sans cela, avait pu rapporter 25 francs.

Mais ces deux impôts sont remplacés :

1° Le droit de timbre, par un impôt de 2 %, sur les revenus des actions, obligations, etc., des sociétés françaises, des emprunts des départements et des communes ;

2° Le droit de transmission, par un impôt de 6 % sur les revenus des titres au porteur.

Par conséquent on peut estimer l'augmentation à 1 % environ.

Entre ces deux taxes nouvelles — la première remplaçant le droit de timbre et la seconde remplaçant le droit de transmission — il y aura cette différence que la première, de 2 %, sera supportée par la société ou l'établissement débiteur, tandis que la seconde, de 6 %, sera supportée par l'actionnaire ou créancier; la société, ville, département, etc., n'aura qu'à en faire l'avance.

En ce qui concerne les titres étrangers, soit d'Etats ou de villes, soit d'entreprises industrielles ou financières, il y aura :

1° Un droit de timbre au comptant de 2 % du capital, rigoureusement obligatoire, à moins qu'il n'ait été déjà payé avant la loi;

2º Un impôt nouveau de 1 % sur le montant des coupons, lequel impôt s'ajoutera aux 4 % du § 3 ci-dessous.

Il faut savoir que des raisons d'ordre à la fois financier et diplomatique avaient fait exempter jusqu'à présent les fonds d'Etat étrangers (emprunt russe, etc.), mais non les emprunts de villes ou de provinces et les titres des sociétés étrangères.

*
* *

Les grands magasins, en outre de l'impôt de 3 1/2 sur leurs bénéfices commerciaux et industriels (§ 4 ci-dessus), payeront un impôt spécial qui sera calculé, non pas sur leurs bénéfices, mais sur le montant brut de leurs ventes. On sera réputé gros magasin lorsque, vendant même au détail des vêtements, de la quincaillerie, de l'épicerie, des liqueurs, des conserves, etc., on occupera dix employés ou davantage et fera au moins 500.000 fr. d'affaires.

Cet impôt sera de : 1 º/₀₀ sur le chiffre des ventes entre 500.000 francs et 1 million ;

De 2 º/₀₀ sur les 4 millions suivants (entre 1 et 5 millions) ;

Enfin de 3 º/₀₀ sur le chiffre des ventes au-dessus de 5 millions.

*
* *

Les sociétés quelconques qui feront un bénéfice de plus d'un million, seront taxées d'un impôt spécial qui sera :

De 4 %, si elles gagnent entre 1 et 10 millions ;

De 4 1/2, si elles gagnent entre 10 et 20 millions ;

De 5 % si elles gagnent plus de 20 millions.

Prenons par exemple le Crédit Lyonnais, qui vient de déclarer 32 millions de bénéfices pour ses 600.000 actions : cela lui fera un impôt nouveau de 1.600.000 francs. Pas de mal qu'il le paye, diront les uns. Ce n'est pas lui qui le paiera, répondront les gens sensés, ce seront ses petits actionnaires (car il y en a beaucoup de petits), et l'impôt correspondra à une charge de 2 fr. 65 par chaque action en plus des autres charges.

En fait, cet impôt frappera toutes les sociétés industrielles par actions qui seront de quelque importance, chemins de fer, banques, tramways, mines, journaux (comme le *Petit Parisien* et le *Petit Journal*), produits chimiques, métallurgie, grands magasins, etc., etc.

III

Impôt complémentaire sur le revenu global.

En outre des impôts particuliers ou cédulaires sur chaque branche de revenus, il y aura un impôt complémentaire sur le revenu global de chaque chef de famille ou individu indépendant. Le revenu du chef de famille sera calculé en y comprenant le revenu de sa femme s'il est marié, mais non le revenu de ses enfants vivant avec lui si ceux-ci en ont un qui leur soit personnel.

Cet impôt complémentaire sera de 5 % ; mais il ne frappera pas les 5.000 francs premiers, et ne frappera que partiellement les

revenus entre 5.000 et 25.000 francs, c'est-à-dire à 1 % les revenus entre 5.000 et 10.000, à 2 % entre 10.000 et 15.000, à
3 % entre 15.000 et 20.000; à 4 % entre 20.000 et 25.000 francs.

Voici un tableau exact de l'impôt complémentaire :

Chiffre du revenu	Montant de l'impôt
5.500	8 33
6.000	16 67
6.500	25 »
7.000	33 33
8.000	50 »
10.000	83 33
12.000	150 »
15.000	250 »
20.000	500 »
30.000	1.000 »
50.000	2.000 »
100.000	4.500 »
150.000	7.000 »
200.000	9.500 »

Tout contribuable dont le revenu total ne dépasse pas 12.000 fr.
a droit à un dégrèvement de 8 francs par personne se trouvant à
sa charge.

Sont considérées comme personnes à la charge du contribuable,
à condition de n'avoir point de ressources personnelles suffisantes :

1° Les ascendants âgés ou infirmes;

2° Les descendants ou enfants abandonnés et par lui recueillis,
s'ils sont âgés de moins de 16 ans ou infirmes.

Toutefois le dégrèvement n'est accordé que pour les descendants
ou enfants recueillis en sus du premier.

Avec ce qui précède, chacun peut faire son calcul.

Dans une foule de cas, l'impôt total dépassera 25 % du revenu.

Nous prenons pour exemple un individu qui, ayant par ailleurs
d'une façon quelconque, par lui-même et par sa femme réunis, un
revenu de 25.000 francs, possède, en outre, des actions au porteur
d'une société financière ou industrielle quelconque de quelque importance, banque, chemin de fer, etc.

Cette société paiera :

2 % en remplacement du droit de timbre;

4 % ou 4 ½ ou 5 % sur son bénéfice social, parce qu'elle a un
bénéfice de quelques millions;

4 % à titre de remplacement de la patente.

En outre, sur le montant du coupon, l'individu supportera :

6 % en remplacement du droit de transmission;

4 % comme impôt cédulaire sur le revenu;

5 % comme impôt complémentaire.

Au total, de 25 à 26 %.

En réalité, ce sera plus de 26 %, parce que les 11 % premiers seront calculés sur le revenu total, lequel est certainement beaucoup supérieur au revenu distribuable à cause des amortissements et mises à la réserve.

Tout cela sans compter les droits de mutation après décès, qui sont périodiques et qui, à moins de manger le capital de génération en génération, ont besoin d'être regagnés par prélèvements périodiques sur les revenus.

De plus, s'il s'agit d'actions d'une Compagnie de mines, comme l'impôt de 4 % sur les bénéfices commerciaux est remplacé par la taxe assimilée dite impôt des mines et destinée à être conservée, et comme cette taxe est de 5 % et une fraction, le tout calculé sur le bénéfice total sans déchet pour les non-valeurs, il faut admettre que le total sera dans ce cas, non pas de 26 %, mais bien supérieur à 27 ou 28 %.

V

Suppression de certains impôts actuels.

En outre du remaniement —. déjà vu — du droit de timbre et du droit de transmission des valeurs mobilières au porteur, remaniement qui se traduit par un relèvement d'impôts, on supprime les quatre contributions directes (ou plutôt cinq, faudrait-il dire) :

1º Contribution foncière sur propriétés bâties;

2º Contribution foncière sur propriétés non bâties;

3º Contribution personnelle-mobilière;

4º Impôt des portes et fenêtres;

5º Patentes.

Par contre les *taxes assimilées* (droit de mainmorte sur les immeubles des établissements et sociétés quelconques, impôt sur les mines, etc., etc.), sont maintenues.

En ce qui concerne les impôts supprimés, il faut bien que les contribuables se gardent de toute illusion : ils continueront à en payer une part notable, qui variera suivant les localités entre 40 % et 80 % du chiffre actuel de ces impôts, et qui sera en général de 50 % à 60 %. La suppression réelle sera donc comprise en chiffres ronds entre un quart et trois quarts, pour être en moyenne seulement d'un peu plus d'un tiers.

Tout cela vient de ce que la loi ne supprime dans ces impôts que la part de l'Etat et qu'elle laisse intacte la part des départements et des communes, qui constitue les *centimes additionnels*.

En conséquence, il n'y aura aucune simplification de travail ni de paperasserie pour la confection des rôles de recouvrement : par ailleurs, cependant, il y aura tout le travail nouveau des rôles à dresser de la loi nouvelle. Il faut donc constater que les frais d'assiette et de perception de l'impôt, en un mot le poids mort ou sacrifice demandé au contribuable au-delà de ce qui entre net dans les caisses de l'Etat, sera notablement augmenté. Cela fera de nouveaux fonctionnaires à caser et à rétribuer.

TEXTE DE LA LOI

*Portant suppression des contributions directes et établissement d'un impôt
général sur les revenus et d'un impôt complémentaire
sur l'ensemble du revenu.*

Article premier. — Cesseront d'être perçues, pour le compte de
l'Etat, à dater de la mise en vigueur de la présente loi :
1° La contribution foncière des propriétés bâties ;
2° La contribution foncière des propriétés non bâties ;
3° La contribution personnelle-mobilière ;
4° La contribution des portes et fenêtres ;
5° La contribution des patentes.
Art. 2. — En remplacement de ces diverses contributions, il est
établi un impôt général sur les revenus de toutes catégories, auquel il
est ajouté un impôt complémentaire sur l'ensemble du revenu de chaque chef de famille.

TITRE PREMIER

DE L'IMPOT GÉNÉRAL SUR LES REVENUS

Art. 3. — Les revenus imposables sont répartis en sept catégories,
savoir :
1° Revenus des propriétés foncières bâties ;
2° Revenus des propriétés foncières non bâties ;
3° Revenus des capitaux mobiliers ;
4° Bénéfices du commerce, de l'industrie et des charges et offices ;
5° Bénéfices de l'exploitation agricole ;
6° Traitements publics et privés, salaires et pensions ;
7° Revenus des professions libérales et de toutes occupations lucra-
tives non dénommées dans les précédentes catégories.
Art. 4. — En ce qui concerne les revenus autres que ceux des capitaux mobiliers, l'assiette et la perception de l'impôt sont faites annuellement par voie de rôles nominatifs établis, publiés et recouvrés comme
en matière de contributions directes.
Les réclamations auxquelles ces rôles peuvent donner lieu sont également présentées, instruites et jugées comme en matière de contributions directes. Toutefois ces réclamations sont jugées en audiences
non publiques.
Art. 5. — Les taxes atteignant les revenus des capitaux mobiliers
sont assises et perçues dans les conditions spéciales indiquées aux
articles 16 à 29 ci-après.

Du taux de l'impôt dans chaque catégorie

Art. 6. — Le taux de l'impôt est fixé à 4 % dans les 1re, 2e et 3e catégories, à 3 50 % dans la 4e, à 3 % dans les 5e, 6e et 7e.

De l'assiette de l'impôt dans chaque catégorie

1re CATÉGORIE

Revenus des propriétés bâties.

Art. 7. — L'impôt sur le revenu des propriétés bâties est établi conformément aux dispositions des lois des 8 août 1885 (art. 35), 8 août 1890, 13 juillet 1900 (art. 2) et 12 avril 1906, en tant qu'elles visent la contribution foncière.

Il porte sur toutes les propriétés bâties, à l'exception de celles qui remplissent la triple condition : 1° d'appartenir à l'État, aux départements, aux communes ou aux établissements publics ; 2° d'être affectées à un service d'utilité générale ; 3° d'être improductives de revenus.

Lorsque, par application des dispositions de la loi du 8 août 1890, il y aura lieu de procéder à la revision des évaluations de la propriété bâtie, le contrôleur effectuera ce travail avec l'assistance du maire, du percepteur et de cinq propriétaires fonciers, dont au moins deux forains, désignés par le préfet, qui les choisit sur une liste de dix noms proposés par le Conseil municipal.

2e CATÉGORIE

Revenus des propriétés non bâties.

Art. 8. — Sont imposables dans la deuxième catégorie toutes les propriétés non bâties, à l'exception de celles qui se trouvent dans les conditions prévues, pour les propriétés bâties, au deuxième paragraphe de l'article précédent.

Art. 9. — L'impôt est établi au nom des propriétaires dans les communes où sont situées les propriétés imposables. Il est calculé sur la valeur locative réelle de ces propriétés, évaluée comme il est indiqué à l'article 3 de la loi du 31 décembre 1907, déduction faite du cinquième de ladite valeur locative.

Art. 10. — Les évaluations servant de base à l'impôt sur le revenu des propriétés non bâties seront revisées tous les dix ans. Elles ne pourront être modifiées au cours de la période décennale que dans le cas visé au deuxième paragraphe de l'article 12 et dans le cas d'accroissements ou de pertes de matière imposable.

Art. 11. — Lors des revisions décennales prévues par le précédent article, la valeur locative des propriétés non bâties, ainsi que la désignation des contenances par nature de culture et par lieuxdits des immeubles, seront déterminées, dans chaque commune, par le contrôleur des contributions directes, assisté du percepteur, du maire et de cinq classificateurs propriétaires fonciers, dont au moins deux forains, désignés par le préfet, qui les choisit sur une liste de dix noms proposés par le Conseil municipal.

Le contrôleur adressera au contribuable un avis lui faisant connaître l'évaluation de la valeur locative, la désignation des contenances par nature de culture et par lieuxdits des immeubles non bâtis existant à son nom dans la commune. Il l'avertira en même temps qu'il est admis à réclamer contre l'évaluation et les désignations susdites.

Art. 12. — Le délai de réclamation est ouvert pendant six mois à dater de la publication du premier rôle dans lequel les résultats de la nouvelle évaluation ont été appliqués et pendant trois mois à partir de la publication des deux rôles suivants.

En ce qui concerne les rôles subséquents, tous les propriétaires sont admis à réclamer relativement à la valeur locative, pendant les trois mois de la publication de chaque rôle, lorsque cette valeur a subi une baisse notable et durable par suite d'événements imprévus indépendants de la volonté des intéressés et affectant le fonds même du terrain.

En outre, des remises et modérations d'impôt pourront être accordées, pour un délai d'un an renouvelable pendant cinq ans, dans les conditions prévues par la loi du 15 septembre 1807.

Dé plus, ces remises ou modérations seront allouées, en cas de dommages ou de pertes survenant à la suite de maladies cryptogamiques ou autres calamités, telles que oïdium, phylloxéra, mouche de l'olive, maladies des vers à soie, invasion des campagnols, épizooties, etc.

Dans le cas de phylloxéra, la remise se continuera pendant les cinq années nécessaires à la reconstitution.

Art. 13. — Les propriétaires fonciers qui exploitent pour leur compte ont droit aux dégrèvements ci-après :

1° Dans le cas où leur revenu total ne dépasse pas 1.250 francs :

Exemption complète d'impôt sur le revenu de la 2e catégorie jusqu'à concurrence d'un revenu de 625 francs ;

2° Dans le cas où leur revenu total est supérieur à 1.250 francs, sans excéder 5.000 francs :

Dégrèvement des 3/4 sur la fraction de leur revenu de la 2e catégorie comprise entre 0 et 625 francs ;

De 1/2 entre 626 et 1.000 francs ;

De 1/4 entre 1.001 et 1.250 francs.

Pour l'application des dégrèvements établis ci-dessus, la valeur locative de l'habitation du contribuable, si elle est inférieure à 80 francs, ne sera pas comprise dans le compte du revenu.

Art. 14. — Pour obtenir le bénéfice de ces dégrèvements, les contribuables doivent faire annuellement une déclaration de toutes leurs propriétés non bâties, avec l'indication des localités où elles sont situées, et du revenu imposable y afférent. Cette déclaration sera reçue, soit à la mairie, soit à la perception des contributions directes du domicile réel des contribuables, dans le délai d'un mois à partir de la publication du dernier des rôles dans lesquels ils sont imposés pour des revenus de la 2e catégorie.

Ils doivent affirmer, en outre, dans cette déclaration :

1° Que l'exploitation de leurs propriétés est effectuée par eux-mêmes ou pour leur compte ;

2° Que le total de leurs revenus de toutes catégories n'excède pas 1.250 francs dans le cas prévu au paragraphe 1er de l'article précédent, ou 5.000 francs dans le cas prévu au paragraphe 2 du même article.

Dans le cas prévu au paragraphe 1er de l'article précédent, les revenus de la 6e catégorie n'entreront pas en compte dans le calcul du revenu total, lorsqu'ils n'excéderont pas 300 francs.

Art. 15. — Quiconque aura sciemment, au moyen d'une fausse déclaration, obtenu ou tenté d'obtenir les dégrèvements prévus par l'article 13 ci-dessus, sera passible d'une amende de cinquante à cent francs (50 à 100 francs), qui pourra être portée au double en cas de récidive.

L'amende sera prononcée par le Conseil de préfecture, statuant comme il est indiqué au deuxième paragraphe de l'article 4 ; ce tribunal sera saisi des fausses déclarations par le directeur des contributions directes. La prescription ne sera acquise qu'après cinq années, à dater du jour de la déclaration.

3e CATÉGORIE

Revenus des capitaux mobiliers.

Art. 16. — L'impôt sur le revenu des capitaux mobiliers s'applique aux dividendes, intérêts, arrérages et tous autres produits :

1° Des actions, parts de fondateur, obligations, parts d'intérêts, commandites et emprunts de toute nature des sociétés et collectivités françaises et étrangères, désignées respectivement dans les articles 1er à 4 de la loi du 29 juin 1872, ainsi que des rentes, emprunts et autres effets publics des colonies françaises ;

2° Des rentes, obligations et autres effets publics émis par l'Etat français et par les Etats étrangers ;

3° Des créances hypothécaires privilégiées et chirographaires, à l'exclusion de toute opération commerciale ne présentant pas le caractère juridique d'un prêt ;

4° Des dépôts de sommes d'argent, à vue ou à échéance fixe, quel que soit le dépositaire et quelle que soit l'affectation du dépôt ;

5° Des cautionnements en numéraire ;

6° Des rentes de toute nature, sauf celles qui, n'excédant pas 5.000 francs et ayant le caractère alimentaire, seront taxées dans les conditions établies à l'article 39.

Sont toujours considérées comme ayant le caractère alimentaire les rentes viagères servies par la Caisse nationale des retraites et les rentes constituées par application des lois sur les accidents du travail.

Il s'applique en outre aux bénéfices qui, par suite de dispositions statutaires, sont distribués aux administrateurs, directeurs ou gérants des sociétés, Compagnies et entreprises désignées à l'article 1er de la loi du 29 juin 1872.

Art. 17. — Sont affranchis de l'impôt sur le revenu :

1° Les intérêts des sommes inscrites sur les livrets des Caisses d'épargne ;

2° Les intérêts des créances hypothécaires ou privilégiées en représentation desquelles les sociétés ou compagnies autorisées par le gouvernement à faire des opérations de crédit foncier ont émis des obligations, titres ou valeurs soumis eux-mêmes à l'impôt sur le revenu ;

3° Les intérêts de rentes, obligations et autres effets publics émis par l'Etat français qui seront immatriculés au nom :

De la Caisse des dépôts et consignations, pour son compte ou pour le compte des caisses dont elle a la gestion ;

De la Caisse nationale d'épargne ;

De la Caisse des offrandes nationales ;

Des institutions de retraites reconnues d'utilité publique ou approuvées par l'Etat ;

Des établissements de bienfaisance publics ou reconnus d'utilité publique ;

Des départements et des communes pour les rentes dont les arrérages sont affectés, par la volonté expresse des donateurs ou testateurs, à des œuvres d'assistance ;

Des caisses régionales de crédit agricole ;

Des caisses locales de crédit agricole et des sociétés d'assurances mutuelles agricoles constituées aux termes de la loi du 4 juillet 1900 ;

Des contribuables dont le revenu en rentes ne dépasse pas 625 francs, ni le revenu total 1.250 francs.

Art. 18. — Pour obtenir le bénéfice des dispositions prévues au dernier alinéa de l'article précédent, le contribuable doit, dans les trois premiers mois de chaque année, adresser au contrôleur des contributions directes de son domicile réel une demande, appuyée des pièces de nature à justifier de ses droits.

Toute fausse déclaration sera poursuivie dans la forme prévue par l'article 15 et donnera lieu à l'application des pénalités portées par ledit article.

Art. 19. — L'impôt est liquidé sur le montant brut des intérêts, dividendes, arrérages ou produits des valeurs désignées dans l'article 16 ci-dessus ; il est perçu par voie de prélèvement sur ces intérêts, arrérages ou produits au moment même de leur payement, sauf les exceptions prévues à l'article 21 ci-après.

Art. 20. — L'impôt sur le revenu des valeurs mobilières françaises visées au paragraphe 1er de l'article 16 ci-dessus sera assis et perçu, sans exception ou modification d'aucune sorte, sur les bases et dans les conditions établies ou réglées par les lois des 29 juin 1872, 21 juin 1875 et les lois subséquentes.

Les dispositions de ces mêmes lois, relatives aux valeurs mobilières étrangères, sont abrogées et remplacées par les articles 22 et suivants de la présente loi.

Il n'est pas dérogé aux articles 3 et 4 de la loi du 28 décembre 1880, 9 de la loi du 29 décembre 1884, 4 de la loi du 26 décembre 1890 et 20 de la loi du 25 février 1901.

Art. 21. — Pour les créances hypothécaires, privilégiées et chirographaires, pour les dépôts et cautionnements en numéraire, ainsi que pour les rentes viagères servies par des particuliers ou par des sociétés ou associations non soumises aux vérifications des agents de l'enregistrement, la retenue de l'impôt est opérée au moyen de l'apposition de timbres mobiles sur la quittance ou tout autre écrit constatant le payement ou l'inscription au crédit d'un compte des intérêts, arrérages ou tous autres produits.

Le droit est à la charge exclusive du créancier nonobstant toute clause contraire, quelle qu'en soit la date ; toutefois le créancier et le débiteur en sont tenus solidairement.

Toute infraction aux dispositions du présent article sera punie d'une amende de cinquante francs (50 francs) à la charge de chacun des contrevenants, indépendamment du payement par le créancier d'une somme égale au quintuple des droits fraudés.

Art. 22. — Pour les actions, obligations, titres d'emprunts, quelle que soit d'ailleurs leur dénomination, des sociétés, Compagnies, entreprises, corporations, villes, provinces étrangères et tout autre établissement public étranger, ainsi que pour les titres de rentes, emprunts et autres effets publics des gouvernements étrangers, la retenue de l'impôt est opérée par le banquier, changeur, ou toute autre personne qui effectue en France le payement des intérêts, arrérages ou tous autres produits.

Art. 23. — Quiconque fait profession ou commerce habituel de recueillir, encaisser, payer ou acheter des coupons, chèques ou tous autres instruments de crédit créés pour le payement des dividendes, intérêts, arrérages ou produits quelconques des titres ou valeurs désignés dans l'article précédent, doit en faire la déclaration au bureau de l'enregistrement de sa résidence.

Il est interdit aux banquiers, escompteurs, changeurs, agents de change, huissiers, receveurs de rentes, et d'une manière générale à tous ceux que désigne le premier alinéa du présent article, de recueillir, encaisser, payer, acheter ou négocier les coupons, chèques ou autres instruments de crédit visés par ledit alinéa, sans opérer immédiatement la retenue de l'impôt ou sans en faire l'avance, si, par suite de contrats existants, l'impôt est à la charge de l'émetteur du titre, à moins qu'il ne soit justifié que cette retenue ou cette avance a déjà été effectuée par un précédent intermédiaire soumis aux prescriptions du présent article et des articles suivants.

Art. 24. — Toute personne qui demandera en France le payement de ces coupons, chèques ou instruments de crédit, devra déposer, en même temps et à l'appui, un bordereau daté, mentionnant le nombre, la nature et la valeur des coupons, chèques ou instruments de crédit à payer.

Celui qui effectuera le payement devra inscrire immédiatement sur ce bordereau le montant de l'impôt qu'il aura retenu ou avancé et le numéro du registre dont il sera question à l'article 26 ci-après, sous lequel il aura pris en charge cet impôt.

La partie prenante pourra exiger la remise d'un récépissé rappelant le nombre, la nature et la valeur des coupons, chèques ou instruments de crédit, la date de leur payement, le montant de l'impôt retenu et le numéro du registre sus-indiqué.

Art. 25. — Les personnes désignées dans l'article 23 qui négocieront en France des coupons, chèques ou autres instruments de crédit sur lesquels l'impôt aura déjà été retenu, soit par elles-mêmes, soit par un précédent intermédiaire, devront y joindre, à l'appui de chaque transmission, un bordereau daté, signé et mentionnant le nombre, la nature et la valeur des coupons, chèques ou instruments de crédit à encaisser ou négocier, ainsi que le montant de l'impôt retenu ou avancé, la désignation de la personne qui a opéré cette retenue, la date et le numéro du registre spécial sous lequel l'impôt a été pris en charge.

Art. 26. — Ces mêmes personnes devront tenir deux registres sur papier non timbré, cotés et paraphés, sur lesquels elles inscriront jour par jour, sans blancs ni interligne, pour chaque déposant, vendeur ou correspondant, et par nature de valeurs, toute opération de payement ou de négociation de coupons, chèques ou autres instruments de crédit sujets à la retenue de l'impôt : le premier de ces registres ne comprendra que les opérations ayant donné lieu à une retenue directe et effective ou à une avance de l'impôt ; le second s'appliquera aux négociations ultérieures de coupons, chèques ou autres instruments de crédit sur lesquels l'impôt aura été prélevé ou avancé par un précédent intermédiaire.

Les registres et les bordereaux seront conservés pendant deux ans et représentés à toutes réquisitions aux agents de l'enregistrement.

Les banquiers, changeurs, escompteurs, et généralement toutes personnes faisant profession d'acheter ou de vendre des coupons, pourront obtenir sur leur demande, pour les indemniser des frais que peuvent leur occasionner les obligations résultant pour eux des articles 24 à 26, l'allocation de remises qui ne pourront excéder 1 franc par 100 francs du montant total de l'impôt prélevé ou avancé sur le revenu des valeurs mobilières étrangères.

Un règlement d'administration publique déterminera les époques de versements de l'impôt, les indications que devront contenir les bordereaux et les registres, le mode de répartition des remises prévues à l'alinéa précédent, ainsi que toutes les autres mesures nécessaires pour le contrôle de la présente catégorie.

Art. 27. — Le propriétaire ou usufruitier de titres ou valeurs mobilières étrangères, domicilié en France, qui, pour quelque cause que ce soit, aura reçu ou encaissé à l'étranger, soit directement, soit par un intermédiaire quelconque, les dividendes, intérêts, arrérages ou tous autres produits de ces valeurs, devra, dans les trois premiers mois de l'année, souscrire au bureau de l'enregistrement la déclaration du montant total de ces dividendes, intérêts, arrérages ou produits encaissés au cours de l'année précédente et acquitter la taxe sur ce total. Cette déclaration sera faite, si le contribuable est assujetti à l'impôt complémentaire, sur la formule même prévue pour ce dernier impôt à l'article 68.

Lorsque l'administration aura eu connaissance d'une infraction aux proscriptions contenues dans l'alinéa précédent, le contrevenant sera puni d'une amende égale à la moitié des revenus encaissés à l'étranger et non déclarés, indépendamment d'une cotisation égale au triple des sommes dont le Trésor a été privé pour chacune des années antérieures à celle de la découverte de la dissimulation, sans toutefois que le droit de répétition puisse s'étendre à plus de dix années.

Art. 28. — Les contraventions aux prescriptions contenues dans l'article 23 et au règlement à intervenir en exécution de cet article pourront être constatées, en toute circonstance, au moyen de procès-verbaux dressés par les agents de l'enregistrement, les officiers de police judiciaire, les agents de la force publique, ceux des contributions directes, des contributions indirectes et des douanes.

Elles donneront lieu à des poursuites correctionnelles engagées à la requête de l'administration de l'enregistrement, et seront punies d'une amende de cent à mille francs (100 à 1.000 francs), indépendamment du quintuple droit sur les coupons, chèques, instruments de crédit, qui auraient été payés sans retenue de l'impôt.

Le produit des amendes prévues par le présent article sera réparti dans des conditions à déterminer par décret.

Les contraventions aux articles 24 à 26 et au règlement à intervenir en exécution de ces articles seront constatées et poursuivies comme en matière d'impôts sur les opérations de bourse et punies d'une amende de cent à dix mille francs (100 à 10 000 francs).

En cas de récidive pour la troisième fois, les contrevenants seront passibles d'un emprisonnement de huit jours à six mois.

Art. 29. — Le recouvrement de l'impôt sur le revenu des valeurs mobilières sera assuré et les instances seront introduites et jugées comme en matière d'enregistrement, sous réserve de la procédure à suivre en ce qui concerne les contraventions visées au premier alinéa de l'article précédent.

Les dispositions de l'article 21 de la loi du 26 juillet 1893 seront applicables aux actions respectives du Trésor et des redevables, sauf le cas prévu à l'article 27.

4ᵉ CATÉGORIE

Bénéfices des professions industrielles et commerciales.

Art. 30. — L'impôt sur les bénéfices des professions industrielles et commerciales, ainsi que des charges et offices, est établi annuellement, à raison du revenu moyen des trois années précédentes.

A l'égard des établissements ayant moins de trois ans d'existence, le revenu moyen est calculé en tenant compte des résultats obtenus depuis l'ouverture de l'établissement.

Le revenu imposable est constitué par l'excédent des recettes brutes sur les dépenses et amortissements inhérents à l'exercice de la profession. La valeur locative des locaux affectés à l'exploitation du commerce ou de l'industrie sera, dans tous les cas, déduite des recettes brutes.

Les intéressés sont invités par voie d'affiches à déclarer au contrôleur des contributions directes le montant du revenu moyen, tel qu'il est défini au paragraphe précédent, obtenu par eux pendant les trois années précédentes. Toutefois cette déclaration n'est obligatoire que pour les contribuables d'un revenu total supérieur à 5,000 francs. Ils sont avertis par un avis spécial adressé à chacun d'eux sous pli recommandé et rappelant le délai dans lequel la déclaration devra être envoyée. Le défaut de déclaration dans le délai prescrit et sans excuse valable admise par le conseil de préfecture entraîne une amende égale au quart de l'impôt.

Si le contrôleur accepte la déclaration pour vraie, elle fixe la base de l'imposition. S'il la juge inexacte, il invite le contribuable à la modifier dans un délai de vingt jours, à dater de son avis. Si, passé ce délai, l'accord n'a pu s'établir, le contrôleur procède à une évaluation d'office. L'évaluation et la déclaration seront soumises à la procédure prévue par l'article 4.

Devant les tribunaux administratifs, le contrôleur justifie son évaluation à l'aide des éléments d'information dont il dispose, spécialement ceux résultant des actes, jugements, déclarations, bordereaux, documents administratifs, pièces ou titres parvenus à la connaissance de l'un quelconque des services publics conformément aux lois existantes.

Le contribuable, de son côté, peut contredire à l'évaluation soutenue par l'administration par tous moyens et par tous documents jugés par lui probants. En aucun cas, même si une expertise est ordonnée, le tribunal ne pourra exiger la production des livres de commerce.

La taxe est doublée, mais seulement sur la portion du revenu dissimulée, à l'égard du contribuable qui a déclaré un revenu trop faible ; toutefois le double droit n'est appliqué que si l'insuffisance est reconnue supérieure au cinquième du revenu réel ou si elle dépasse 10.000 francs.

A défaut de déclaration, le contrôleur procède à une évaluation d'office ; il la communique à l'intéressé, qui a vingt jours pour présenter et faire valoir ses observations. Si l'accord ne peut se faire dans ce délai, le recours, qui doit dès lors être appuyé de la déclaration réglementaire, est ouvert contre l'évaluation de l'administration dans les formes prévues aux paragraphes précédents.

Lorsque l'évaluation du revenu imposable a été définitivement établie dans les conditions prévues au présent article, les contribuables qui en font la demande peuvent, d'accord avec l'administration, être admis à contracter, sur les bases de ladite évaluation, un abonnement valable pour une période de trois années.

Art. 31. — Au cas où un jugement, une vente, une cession de fonds de commerce, une déclaration de succession ou tout acte susceptible de faire foi en justice permettrait à l'administration d'établir qu'à la suite d'une déclaration fausse un contribuable a été insuffisamment taxé, une amende égale au cinquième du revenu dissimulé sera appliquée au contrevenant ou à ses héritiers.

Cette amende sera prononcée à la diligence de l'administration des contributions directes par le Conseil de préfecture, sauf recours au Conseil d'Etat.

L'action de l'administration sera prescrite à l'expiration de deux années à partir du jour où elle a été mise à même d'avoir connaissance de la fraude, et dans tous les cas, dans un délai de dix ans à partir de la publication du rôle auquel se rapporte la déclaration incriminée.

Art. 32. — Sur le montant du revenu déterminé comme il est dit à l'article 30, et lorsque ce revenu ne dépasse pas 20.000 francs, chaque imposable n'est taxé que sur un septième de la fraction n'excédant pas 1.500 francs. Il a droit à une déduction des deux tiers sur la fraction comprise entre 1.501 et 2.500 francs et d'un quart sur la fraction comprise entre 2.501 et 5.000 francs.

Le surplus est taxé au taux plein.

Art. 33. — L'impôt est établi au nom des exploitants dans les communes où les établissements assujettis ont leur siège.

Art. 34. — Toute personne dont le revenu total ne dépasse pas 1.250 francs a droit à l'exemption complète d'impôt sur son revenu de la quatrième catégorie.

Dans le calcul du revenu total, les revenus de la sixième catégorie n'entreront pas en compte, lorsqu'ils ne dépasseront pas 300 francs.

Art. 35. — Pour obtenir le bénéfice de cette exemption, les contribuables doivent faire annuellement, à la mairie de leur domicile réel, dans le délai d'un mois à partir de la publication du dernier des rôles dans lesquels ils so imposés, ur des revenus de la quatrième catégorie, une déclara   établissements professionnels,

avec l'indication des localités où ils sont situés et du revenu pour lequel ils sont taxés.

Ils doivent affirmer, en outre, dans cette déclaration, que le total de leurs revenus de toute catégorie n'est pas supérieur à 1.250 francs, réserve faite des dispositions insérées à l'article 34 en ce qui concerne les revenus de la sixième catégorie.

Sont applicables, en cas de fausse déclaration, les sanctions prévues par l'article 15 de la présente loi.

Art. 36. — Sont imposables au titre de la sixième catégorie :

Les ouvriers travaillant chez eux ou chez les particuliers sans compagnons ni apprentis, soit qu'ils travaillent à façon, soit qu'ils travaillent pour leur compte et avec des matières à eux appartenant, qu'ils aient ou non une enseigne ou une boutique ;

Les ouvriers travaillant en chambre avec un apprenti de moins de seize ans ;

La veuve qui continue avec l'aide d'un seul ouvrier ou d'un seul apprenti la profession précédemment exercée par son mari ;

Les personnes qui vendent en ambulance dans les rues, dans les lieux de passage et dans les marchés, soit des fleurs, de l'amadou, des balais, des statues et figures en plâtre, soit des fruits, légumes, des poissons, du beurre, des œufs, du fromage et autres menus comestibles ;

Les savetiers, les chiffonniers au crochet, les porteurs d'eau à la bretelle ou avec voiture à bras, les rémouleurs ambulants, les gardes-malades ;

Les pêcheurs, lors même que la barque qu'ils montent leur appartient.

Ne sont point considérés comme compagnons ou apprentis la femme travaillant avec son mari, ni les enfants non mariés travaillant avec leurs père et mère, ni le simple manœuvre dont le concours est indispensable à l'exercice de la profession.

5e CATÉGORIE

Revenus de l'exploitation agricole.

Art. 37. — Pour l'assiette de l'impôt de la cinquième catégorie, le revenu de l'exploitation agricole d'une propriété est considéré comme égal :

A la moitié de la valeur locative réelle de ladite propriété pour la fraction de cette valeur locative n'excédant pas 5.000 francs ;

Aux deux tiers de cette valeur locative, pour la fraction excédant 5.000 francs.

Sur le montant du revenu ainsi calculé, et lorsque la valeur locative réelle de l'exploitation n'excède pas 12,000 francs, chaque contribuable n'est taxé que sur la fraction supérieure à 1,250 francs.

Il a droit à une déduction :

De deux tiers sur la fraction comprise entre 1.251 et 2.000 francs ;

Et de un tiers sur la fraction comprise entre 2.001 et 3.000 francs.

L'impôt est établi dans la commune où se trouve le siège de l'exploitation, au nom du contribuable exploitant à la date du 1er janvier.

Toutefois, les assujettis qui en feront la demande seront taxés d'après le bénéfice effectif de leur exploitation calculé sur une moyenne de trois années.

Dans ce cas, il sera procédé, pour la détermination de la base d'imposition, comme il est indiqué à l'article 30 en ce qui concerne les revenus de la quatrième catégorie.

Les dispositions contenues dans l'article 12 de la présente loi, touchant les réclamations, remises et modérations d'impôt, en matière de revenu des propriétés non bâties, sont également applicables au revenu provenant de l'exploitation agricole.

Art. 38. — Les parcs, jardins, avenues, pièces d'eau et tous les terrains enlevés à la culture pour le pur agrément ou spécialement aménagés en vue de la chasse sont assujettis à l'impôt de la cinquième catégorie, à raison d'un revenu déterminé suivant le mode indiqué au premier paragraphe de l'article 37, en ce qui concerne les exploitations agricoles.

L'impôt est calculé sur la totalité de ce revenu sans déduction ni atténuation d'aucune sorte.

Sont exemptes de la taxe les personnes ayant la jouissance de terrains d'agrément dont la superficie n'excède pas un hectare et dont le revenu imposable n'est pas supérieur à 100 francs.

6e CATÉGORIE

Traitements publics et privés, salaires, pensions.

Art. 39. — Le revenu imposable au titre de la 6e catégorie comprend le montant net réel des traitements et salaires payés soit en argent, soit en nature, y compris les primes, émoluments, gratifications et avantages divers distincts du traitement ou salaire proprement dit, mais sous déduction des indemnités allouées pour dépenses de service.

Toutefois, en ce qui touche les salaires et traitements assimilables aux salaires inférieurs à 5.000 francs, le revenu imposable est réduit aux deux tiers de la somme obtenue par l'application des dispositions ci-dessus.

Les traitements ou indemnités à forme de traitement, les salaires et pensions sont assujettis à l'impôt sur la portion de leur montant annuel dépassant, savoir :

1° Pour les pensions, la somme de 1.250 francs ;

2° Pour les traitements et salaires, la somme de :

1.500 francs, si le contribuable a son domicile réel dans une commune de 10.000 habitants et au-dessous ;

2.000 francs, si le contribuable a son domicile réel dans une commune de 10.001 à 100.000 habitants ;

2.500 francs, si le contribuable a son domicile réel dans une commune de plus de 100.000 habitants ;

3.000 francs, si le contribuable a son domicile réel dans le département de la Seine.

En outre, sur la portion ainsi taxée de son revenu, chaque titulaire de pension, traitement ou salaire a droit aux déductions suivantes :

5/6 de la fraction de cette portion taxée ne dépassant pas 3.000 francs ;

4/6 de la fraction de cette portion taxée comprise entre 3.001 et 3.500 francs ;

3/6 de la fraction de cette portion taxée comprise entre 3.501 et 4.000 francs ;

2/6 de la fraction de cette portion taxée comprise entre 4.001 et 4.500 francs ;

1/6 de la fraction de cette portion taxée comprise entre 4.501 francs et 5.000 francs.

Art. 40. — La portion du montant des traitements et salaires exemptés dans chaque commune pourra être majorée sur la demande qui en sera faite par le conseil municipal, sans cependant pouvoir excéder le chiffre afférent à la catégorie de population immédiatement supérieure, à charge par la commune d'effectuer sur les crédits inscrits à son budget un prélèvement, au profit de l'Etat, égal à la fraction des taxes qui cessera d'être ainsi perçue.

A Paris et dans le département de la Seine, la majoration prévue par le paragraphe précédent ne pourra excéder 1/5 du chiffre fixé par l'article 39 comme minimum exempté.

Les délibérations prises par les conseils municipaux pour l'application du présent article ne seront exécutoires qu'après avoir été, sur les propositions conformes du directeur des contributions directes, approuvées par le préfet.

Art. 41. — L'impôt est dû chaque année, à raison des revenus acquis au cours de l'année précédente. Il est établi au nom des titulaires des revenus imposables dans les communes où ces titulaires ont leur domicile réel au 1er janvier de l'année de l'imposition.

L'imposition est établie distinctement pour les enfants et autres membres de la famille qui tirent de leur propre travail un revenu indépendant de celui du chef de famille.

Art. 42. — Sont exempts de l'impôt, pour les traitements qu'ils touchent à raison de leurs fonctions, les ambassadeurs et autres agents diplomatiques accrédités auprès de la République, ainsi que les consuls et autres agents consulaires des pays étrangers, sous la réserve que dans ces pays, les agents diplomatiques et consulaires français soient exonérés, dans les mêmes conditions, des contributions ou taxes analogues.

Art. 43. — Tout individu et toute société ou association occupant des employés, commis, ouvriers, aides ou auxiliaires, moyennant traitements, salaires ou rétributions, sont tenus de remettre dans le courant du mois de janvier de chaque année, au contrôleur des contributions directes, un état indiquant : 1° les noms et adresses des individus qui ont été occupés dans leur établissement au cours de l'année précédente ; 2° le montant des traitements, salaires ou rétributions payés à chacun d'eux pendant ladite année ; et 3° la période à laquelle s'appliquent ces payements, lorsque cette période est inférieure à l'année.

La disposition qui précède n'est applicable toutefois qu'en ce qui concerne les employés, commis, etc., dont les traitements et salaires, calculés conformément aux prescriptions de la présente loi et ramenés à l'année, dépassent le minimum exempté dans la localité par l'article 39.

Art. 44. — Tout individu et toute société ou association payant des pensions sont tenus, dans les conditions prévues à l'article précédent, de fournir la liste des titulaires de ces pensions, lorsqu'elles dépassent 1.250 francs par an.

Art. 45. — A l'aide des renseignements qui lui sont transmis en exécution des deux articles précédents et de tous autres qu'il peut recueillir, le contrôleur fixe les revenus imposables, sans préjudice, pour les intéressés, du droit de les contester, par voie de réclamation contentieuse, après l'émission du rôle.

En cas de contestation, la charge de la preuve incombe à l'administration.

Art. 46. — Est punie d'une amende de cinq francs (5 fr.) toute infraction aux prescriptions des articles 43 et 44 ci-dessus.

L'amende est encourue autant de fois qu'il est relevé des omissions ou des inexactitudes dans les renseignements qui doivent être fournis en vertu de ces deux articles.

Le recouvrement des amendes est poursuivi au moyen de rôles spéciaux, comme en matière de contributions directes.

7e CATÉGORIE

Revenus des professions libérales.

Art. 47. — L'impôt sur le revenu des professions libérales est établi annuellement à raison du revenu net réalisé pendant l'année précédente. A l'égard des contribuables exerçant leur profession depuis moins d'un an, le revenu net est calculé en tenant compte des résultats obtenus depuis la date à laquelle la profession a été entreprise.

Sur le revenu déterminé comme il est dit au paragraphe ci-dessus, il est fait pour chaque contribuable déduction d'une somme de :

1.500 francs, si le contribuable a son domicile réel dans une commune de 10.000 habitants et au-dessous ;

2.000 francs, si le contribuable a son domicile réel dans une commune de 10.001 à 100.000 habitants ;

2.500 francs, si le contribuable a son domicile réel dans une commune de plus de 100.000 habitants ;

3.000 francs, si le contribuable a son domicile réel dans le département de la Seine.

En outre, sur son revenu taxé, chaque imposable a droit aux déductions suivantes :

5/6 sur la fraction de son revenu ne dépassant pas 3.000 francs ;

4/6 sur la fraction de son revenu comprise entre 3.001 francs et 3.500 francs ;

3/6 sur la fraction de son revenu comprise entre 3.501 francs et 4.000 francs ;

2/6 sur la fraction de son revenu comprise entre 4.001 francs et 4.500 francs ;

1/6 sur la fraction de son revenu comprise entre 4.501 francs et 5.000 francs.

Art. 48. — L'impôt est dû dans la commune où le titulaire du revenu imposable a son domicile réel à la date du 1er janvier de l'année de l'imposition.

Art. 49. — Toute personne jouissant de revenus imposables au titre de la septième catégorie est tenue de remettre chaque année, dans le courant du mois de janvier, au contrôleur des contributions directes, une déclaration de ses revenus.

Un règlement d'administration publique, prévu à l'article 100, énumérera limitativement, en tenant compte des conditions d'exercice spéciales à chaque profession, et notamment de l'obligation du secret professionnel, les indications que devra contenir la déclaration précitée.

Art. 50. — Sont applicables aux déclarations produites en exécution de l'article précédent les dispositions des paragraphes 5, 6, 7 et 8 de l'article 30 relatif aux bénéfices des professions industrielles et commerciales. A défaut de déclaration, il est procédé conformément aux dispositions du paragraphe 9 dudit article 30.

Les contribuables qui en feront la demande pourront, d'accord avec l'administration, être admis à contracter un abonnement valable pour une période de trois années. Mais cet abonnement sera basé sur le revenu moyen des trois années précédentes.

Indépendamment des pénalités prévues par l'article 30, tout contribuable omis au rôle ou qui, soit d'après sa déclaration, soit d'office, a été insuffisamment imposé est redevable d'une cotisation égale au montant des sommes dont le Trésor a été privé pour chacune des années antérieures à celle de la découverte de l'omission ou de l'insuffisance, sans toutefois que le droit de répétition puisse s'étendre à plus de cinq années.

Art. 51. — Des rôles supplémentaires peuvent être établis à l'égard des personnes qui ont été omises au rôle primitif ou qui sont redevables d'un supplément d'impôt dans les cas prévus aux deux derniers paragraphes de l'article précédent.

DISPOSITIONS COMMUNES A PLUSIEURS CATÉGORIES

Art. 52. — Les intérêts des dettes hypothécaires privilégiées ou garanties par une antichrèse qui ont été soumis à l'impôt au titre de la 3e catégorie, seront déduits du revenu imposable des immeubles grevés.

Les intérêts des dettes chirographaires ayant date certaine et les arrérages payés par les débi-rentiers à titre obligatoire seront, sous la même condition, déduits des revenus du débiteur, à l'exception de ceux taxés au titre de la 3e catégorie. La déduction est imputée d'abord sur les revenus de l'entreprise ou de l'exploitation pour les besoins de laquelle la dette aura été contractée. En cas d'insuffisance desdits revenus, ou à défaut de justifications concernant la cause de la dette, l'imputation est faite successivement sur les revenus des catégories taxées au taux le moins élevé.

Lorsque des valeurs ou titres nominatifs ont été constitués en gage ou nantissement de créances, le débiteur peut obtenir le remboursement de l'impôt sur le revenu desdits titres ou valeurs, jusqu'à concurrence du montant des droits perçus sur les intérêts de sa dette.

Art. 53. — Les déductions et remboursements prévus à l'article précédent ne peuvent porter que sur les revenus de l'année au cours de laquelle a été délivrée la quittance constatant le payement des intérêts.

Pour en obtenir le bénéfice, le débiteur doit, dans les trois mois à dater de la délivrance de ladite quittance, adresser au contrôleur des contributions directes de son domicile réel une demande appuyée des pièces de nature à justifier de ses droits au bénéfice des dispositions de l'article précédent. Il doit en outre, dans le cas prévu par le deuxième paragraphe dudit article, donner le détail par commune de ses revenus taxés.

Art. 54. — Quiconque aura, au moyen d'une fausse déclaration, obtenu ou tenté d'obtenir les déductions ou remboursements prévus par l'article 52 sera frappé, dans les conditions prévues à l'article 15, d'une amende égale au quintuple des droits qu'il aura éludés ou tenté d'éluder.

Art. 55. — Ont droit à la remise totale d'impôt sur la fraction de leur revenu ne dépassant pas 625 francs, à condition que leur revenu total n'excède pas 1.250 francs :

Les personnes qui, par suite de leur âge ou de leur état de santé, se trouvent dans l'impossibilité d'exercer une profession ou de se livrer à un travail d'une façon continue ;

Les veuves qui ont à leur charge un ou plusieurs enfants ayant moins de seize ans révolus ;

Les orphelins mineurs.

Cette remise est accordée à raison des faits existants au 1er janvier de l'année de l'imposition. Elle ne peut se cumuler avec les exemptions spécialement prévues dans chaque catégorie que jusqu'à concurrence d'un dégrèvement total d'impôt de 625 francs de revenu.

Sont exonérés de tout impôt sur la propriété bâtie, les immeubles occupés par leurs propriétaires dont le revenu imposable n'excède pas 80 francs, lorsque le revenu total desdits propriétaires ne dépasse pas 1.250 francs.

Art. 56. — Pour obtenir le bénéfice de ce dégrèvement, les contribuables doivent faire connaître annuellement à la mairie de leur domicile réel, et suivant les conditions à déterminer par un règlement d'administration publique, la déclaration détaillée de leurs divers revenus. Ils doivent affirmer en outre dans cette déclaration, sous les sanctions prévues à l'article 15 de la présente loi, que l'ensemble de leurs revenus ne dépasse pas 1.250 francs.

En ce qui concerne les revenus des capitaux mobiliers (3e catégorie), la restitution de l'impôt ne sera opérée que pour les revenus tirés de valeurs nominatives, et après représentation des titres ou certificats en tenant lieu.

Art. 57. — Pour le calcul des exemptions et des déductions prévues à l'article 37, il sera fait masse de tous les revenus perçus par un même contribuable au titre de la 5e catégorie.

Art. 58. — Si un même contribuable a plusieurs sources de revenus autres que des pensions, dans la 6e ou dans la 7e catégorie, ou dans les deux simultanément, il ne peut bénéficier sur l'ensemble d'une exemption ou de déductions supérieures à celles fixées par les articles 39 et 47.

Art. 59. — Si le même contribuable jouit à la fois, d'une part, d'un traitement ou d'un gain, d'autre part, d'une pension, il ne pourra cumuler les exemptions afférentes à chacune de ces natures de revenus que dans les limites suivantes :

1° Le montant total de l'exemption ne pourra dépasser la limite d'exemption à laquelle il pourrait avoir droit pour un traitement ou un gain ;

2° L'exemption afférente à la part de son revenu constitué par une pension ne pourra excéder 1.250 francs.

Art. 60. — L'exploitant agricole, même non propriétaire, peut, en ce qui concerne la valeur locative des terres par lui exploitées, exercer le droit de réclamation au même titre que le propriétaire et dans les conditions prévues par les paragraphes 1 et 2 de l'article 12 de la présente loi.

Dans le cas de réclamation formée isolément soit par le propriétaire, soit par l'exploitant agricole, l'administration doit, s'il y a lieu, mettre en cause soit l'exploitant agricole, soit le propriétaire.

La décision qui intervient est commune aux deux intéressés.

Il en est de même dans le cas de pourvoi devant le Conseil d'Etat.

Art. 61. — Tous revenus, profits ou gains, quelle qu'en soit la nature ou la dénomination, non expressément désignés à l'article 3, sont soumis à l'impôt général sur les revenus et imposables d'après les règles fixées pour la 3e catégorie, à moins qu'ils ne dérivent principalement du travail, auquel cas ils sont imposés d'après les règles fixées pour la 7e catégorie.

<h2 style="text-align:center">TITRE II</h2>

DE L'IMPOT COMPLÉMENTAIRE SUR L'ENSEMBLE DES REVENUS

Des personnes imposables

Art. 62. — L'impôt complémentaire sur l'ensemble des revenus est dû, au 1er janvier de chaque année, par toutes personnes, autres que les personnes morales, ayant leur domicile réel en France, ou qui, bien que domiciliées hors de France, y possèdent néanmoins une résidence.

Sont considérées comme ayant une résidence en France les personnes qui ont à leur disposition une habitation à titre de propriétaires ou de locataires, lorsque, dans ce dernier cas, la location est conclue, soit par convention unique, soit par conventions successives, pour une période continue d'au moins une année.

L'impôt complémentaire est établi dans la commune où le contribuable a son domicile réel, ou, si le contribuable est domicilié hors de France, dans la commune où il a sa principale résidence.

Art. 63. — Chaque chef de famille est imposable tant en raison de ses revenus personnels que de ceux de sa femme et des autres membres de la famille qui habitent avec lui.

Toutefois l'imposition est établie distinctement :

1° Pour les femmes séparées de biens qui ne vivent pas avec leur mari ;

2° Pour les enfants et autres membres de la famille qui tirent un revenu de leur propre travail ou ont personnellement la jouissance d'un revenu indépendant de celui du chef de famille.

Art. 64. — Sont affranchis de l'impôt complémentaire :

1° Les personnes dont le revenu n'excède pas 5.000 francs ;

2° Les ambassadeurs et autres agents diplomatiques étrangers, ainsi que les consuls et agents consulaires de nationalité étrangère, mais seulement dans la mesure où les pays qu'ils représentent concèdent des avantages analogues aux agents diplomatiques ou consulaires français.

Du revenu imposable

Art. 65. — En ce qui concerne les personnes domiciliées en France, l'impôt complémentaire est établi dans les conditions prévues aux articles 67 à 75, sur l'ensemble des revenus de chaque contribuable.

Le revenu imposable est constitué par la totalisation des revenus compris pour l'année de l'imposition dans chacune des catégories de l'impôt général, sans excepter les revenus qui n'ont pas été taxés dans certaines d'entre elles par application des exemptions et déductions à la base.

Il comprend en outre, s'il y a lieu, les revenus qui, pour l'année de l'imposition, sont passibles de la redevance proportionnelle des mines, ainsi que les revenus qui proviennent de propriétés, exploitations ou professions sises ou exercées hors de France. Ces derniers revenus sont évalués suivant les règles applicables aux revenus de même nature acquis en France.

En ce qui touche les personnes non domiciliées en France, mais y possédant une résidence, le revenu imposable est considéré comme égal à sept fois la valeur locative réelle de cette résidence, à moins qu'en totalisant, dans les conditions ci-dessus prévues, les revenus que le contribuable tire de propriétés, exploitations ou professions sises ou exercées en France, on n'obtienne un chiffre plus élevé, auquel cas ce dernier chiffre doit servir de base à l'impôt.

Art. 66. — L'impôt complémentaire se calcule en déduisant du revenu total de chaque contribuable une somme de 5.000 francs, puis en comptant pour 1/5 la fraction du revenu comprise entre 5.001 et 10.000 francs, pour 2/5 la fraction du revenu comprise entre 10.001 et 15.000 francs, pour 3/5 la fraction comprise entre 15.001 et 20.000 francs, pour 4/5 la fraction comprise entre 20.001 et 25.000 francs, pour l'intégralité le surplus du revenu et en appliquant le taux de 5 % au chiffre ainsi obtenu.

De l'assiette de l'impôt

Art. 67. — Le contrôleur des contributions directes dresse, pour chaque commune, la liste des personnes susceptibles d'être assujetties à l'impôt complémentaire, et il invite chacune d'elles, par un avis spécial, à souscrire la déclaration prévue à l'article 68 ou à certifier que son revenu total n'est pas supérieur au minimum exempté.

Art. 68. — Les contribuables soumis à l'impôt complémentaire sont tenus de faire annuellement une déclaration contenant les renseignements ci-après :

En ce qui concerne les revenus imposés au titre des 1re, 2e, 4e, 5e, 6e et 7e catégories, le contribuable se borne à mentionner les noms des communes où les impositions sont établies.

Il fait connaître, en outre, le cas échéant, le montant des revenus exemptés dans certaines catégories comme n'atteignant pas le minimum imposable, ainsi que le montant des revenus provenant soit de l'exploitation minière, soit de propriétés, exploitations ou professions sises ou exercées hors de France.

En ce qui touche les revenus de capitaux mobiliers, il en indique le montant, en les distinguant suivant leur nature.

Les déclarations sont rédigées sur des formules dont la teneur sera fixée par un règlement d'administration publique.

Art. 69. — Les contribuables peuvent obtenir la déduction, sur l'ensemble de leur revenu, du montant de l'intérêt des dettes ou emprunts à leur charge et des arrérages de rentes par eux payés à titre obligatoire, à la condition de fournir, dans leur déclaration, toutes les justifications nécessaires pour qu'il ne puisse subsister aucun doute sur la réalité des dettes alléguées.

Art. 70. — Les déclarations sont adressées au contrôleur des contributions directes dans un délai de deux mois à partir de la réception, par les intéressés, de l'avis spécial prévu par l'article 67 ci-dessus.

Elles doivent être signées, et les signataires doivent affirmer qu'elles sont faites conformément aux prescriptions de la loi et en toute sincérité.

Art. 71. — Les déclarations sont soumises à l'examen d'une commission cantonale composée d'un contrôleur des contributions directes, d'un receveur de l'enregistrement et d'un percepteur. Les membres de la commission sont désignés par le préfet, d'accord avec les chefs de service intéressés.

La commission complète, s'il y a lieu, d'après les indications et renseignements parvenus à sa connaissance, la liste des assujettis prévue à l'article 67 et qui lui est communiquée par le contrôleur.

La commission contrôle les déclarations. Elle peut inviter les contribuables à fournir des éclaircissements ; elle a le droit de rectifier les déclarations.

Art. 72. — Le contrôleur des contributions directes établit la matrice du rôle d'après les déclarations rectifiées, s'il y a lieu, par la commission.

Si le contribuable forme une réclamation devant la juridiction contentieuse, l'administration a la charge de prouver l'inexactitude des déclarations à l'aide des moyens dont elle dispose en vertu des lois existantes.

Art. 73. — Tout contribuable qui s'est abstenu de répondre à l'invitation de faire sa déclaration, ou qui s'est abstenu de répondre à la demande d'éclaircissements de la commission, est taxé d'office par ladite commission.

Il ne peut ensuite obtenir, par la voie contentieuse, à moins d'excuse valable admise par le Conseil de préfecture, la décharge ou la réduction de la cotisation qui lui a été ainsi assignée qu'en apportant toutes les justifications de nature à faire la preuve du chiffre exact de son revenu, et il supporte, en tout état de cause, la totalité des frais de l'instance, y compris ceux d'expertise.

Art. 74. — En cas de déclaration reconnue inexacte, le contrevenant ou ses héritiers sont frappés d'une amende égale à la moitié du revenu dissimulé.

Art. 75. — Indépendamment des pénalités édictées par les deux articles précédents, tout contribuable qui a été omis au rôle faute d'avoir souscrit la déclaration prévue aux articles 67 et 68, ou qui, soit sur sa déclaration, soit d'office, a été insuffisamment imposé, est redevable d'une cotisation égale au triple des sommes dont le Trésor a été privé pour chacune des années antérieures à celle de la découverte de l'omission ou de l'insuffisance, sans toutefois que le droit de répétition puisse s'étendre à plus de trois ans pour l'imposition des revenus visés par les paragraphes 2 et 3 de l'article 68, ni à plus de dix ans en ce qui concerne les valeurs mobilières.

La triple cotisation ne sera pas due, si l'insuffisance est reconnue inférieure au dixième du revenu réel et à 3.000 francs ; si le contribuable a pu être de bonne foi, il devra indiquer les raisons de son erreur, sauf à l'administration à en démontrer l'inexactitude.

Des rôles et des réclamations

Art. 76. — Les rôles de l'impôt complémentaire sur le revenu sont établis, publiés et recouvrés comme en matière de contributions directes.

Peuvent être imposées par voie de rôles supplémentaires les personnes omises au rôle primitif et celles qui sont redevables d'un supplément de droits dans les cas prévus aux articles 74 et 75 ci-dessus.

Art. 77. — Les réclamations relatives à l'impôt complémentaire sur le revenu sont également présentées, instruites et jugées comme en matière de contributions directes. Toutefois ces réclamations sont jugées en audiences non publiques.

TITRE III
DISPOSITIONS DIVERSES

Art. 78. — Le droit de timbre proportionnel établi par le titre II de la loi du 5 juin 1850 sur les actions et obligations nominatives ou au porteur des sociétés, Compagnies, entreprises, départements, communes, établissements publics français, est supprimé.

Est supprimé également le droit annuel de transmission auquel sont assujettis les titres au porteur d'actions et d'obligations françaises, par les articles 6 de la loi du 23 juin 1857, 11 de la loi du 16 septembre 1871, 3 de la loi du 28 juin 1872 et 6 de la loi du 26 décembre 1908. Il n'est pas dérogé à ces lois en ce qui concerne les titres nominatifs.

Art. 79. — En remplacement du droit de timbre supprimé par le premier alinéa de l'article précédent, il est établi un droit de 2 francs par 100 francs sur les revenus, dividendes, intérêts, arrérages, bénéfices annuels et tous autres produits des actions, parts de fondateur, obligations, parts d'intérêts, commandites et emprunts de toute nature des sociétés, Compagnies, entreprises françaises, des départements, communes et établissements publics français désignés dans l'article premier de la loi du 29 juin 1872. Ce droit sera perçu également ment sur les intérêts et arrérages des titres de rentes, emprunts et autres effets publics des colonies françaises.

Il sera à la charge exclusive des sociétés, Compagnies, entreprises, départements, communes, établissements publics et colonies.

L'assiette en sera déterminée et la perception opérée comme pour l'impôt sur le revenu des valeurs mobilières établi par la loi du 29 juin 1872.

Art. 80. — En remplacement du droit annuel de transmission sur les titres au porteur, il est perçu un droit de 6 francs par 100 francs sur les revenus et tous autres produits des valeurs mobilières françaises ou coloniales au porteur ou dont la transmission peut s'opérer sans un transfert sur les registres de la société ou de la collectivité qui les a émis.

Ce droit est avancé par ces sociétés et collectivités, liquidé et perçu dans les mêmes conditions et sur les mêmes bases que l'impôt sur le revenu des valeurs mobilières édicté par la loi du 29 juin 1872.

Les titres nominatifs des rentes, emprunts et autres effets publics des colonies françaises sont assujettis au droit de transmission de 0 75 % de la valeur négociée, conformément aux dispositions des articles 6 de la loi du 23 juin 1857, 11 de la loi du 16 septembre 1871, 1er de la loi du 30 mars 1872, 3 de la loi du 29 juin 1872 et 5 de la loi du 26 décembre 1908.

Art. 81. — Le droit de timbre par abonnement et le droit annuel de transmission auxquels sont assujettis les actions, obligations, titres d'emprunts, quelle qu'en soit d'ailleurs la dénomination, des sociétés, Compagnies, entreprises, corporations, villes et provinces étrangères, ainsi que de tout autre établissement public étranger, sont supprimés et remplacés :

1° Par un droit de timbre au comptant de 2 francs par 100 francs ;

2° Par une taxe annuelle supplémentaire de 1 % sur le revenu des titres sus-visés, qui s'ajoutera à l'impôt de la troisième catégorie prévu par l'article 16 et qui sera perçu sur les mêmes bases et dans les mêmes conditions.

Ces divers droits sont applicables aux titres de rentes, emprunts et autres effets publics des gouvernements étrangers.

Toutefois ne sont pas soumis au droit de timbre au comptant établi par le paragraphe 1er ci-dessus ceux de ces divers titres qui ont été déjà timbrés conformément aux lois du 30 mars 1872, article 1er ; du 25 mai 1872, article 1er ; du 28 décembre 1895, article 3 ; du 13 avril 1898, article 13, et du 30 janvier 1907, article 8.

Le droit de timbre au comptant est réduit à 1,50 % pour les titres qui, à la date du 1er janvier 1910, acquittent le droit de timbre par abonnement, mais à la condition que ces titres soient soumis à la formalité du timbre dans les neuf mois qui suivront la mise en vigueur de la présente loi.

Art. 82. — Le droit de timbre au comptant n'est pas soumis aux décimes ; il est perçu sur la valeur nominale de chaque titre ou coupure considéré isolément, mais sans minimum. Toutefois là valeur réelle ou négociable sera prise pour base de la perception lorsqu'elle sera supérieure à la valeur nominale, et dans ce cas, l'impôt sera calculé d'après le cours d'introduction ou d'émission des titres sur le marché français, ou d'après le cours moyen pendant l'année précédente, ou enfin, lorsqu'il s'agira de valeurs non cotées, d'après la déclaration des parties, sous réserve du contrôle de l'administration.

Pour les titres cotés à la Bourse officielle, dont le cours moyen pendant l'année précédente est tombé au-dessous des trois quarts du pair, la perception s'effectue sur la valeur négociable déterminée par ce cours moyen.

Art. 83. — L'émission, la mise en souscription, l'exposition en vente, l'introduction sur le marché, le remboursement, la conversion ou la cote des titres désignés dans les deux articles précédents ne peuvent être annoncés, publiés ou effectués en France sans qu'il ait été fait, dix jours à l'avance, au bureau de l'enregistrement de la résidence, une déclaration dont la date est mentionnée dans l'avis ou l'annonce.

Les titres ou les certificats provisoires de titres émis, souscrits, exposés en vente ou introduits sur le marché en France ne pourront être remis aux souscripteurs, preneurs ou acheteurs sans avoir préalablement acquitté les droits de timbre fixés par les deux articles qui précèdent. Si le droit a été payé sur le certificat provisoire, le titre définitif correspondant sera timbré sans frais sur la présentation de ce certificat.

Art. 84. — La négociation, l'énónciation dans un acte ou écrit soit public, sois sous-seing privé, y compris les récépissés de dépôt en vue de la garde des titres, le remboursement et le transfert des titres désignés dans l'article 81 ci-dessus, ne peuvent être effectués en France, lorsque ces titres n'ont pas acquitté le droit de timbre au comptant ou ne sont pas maintenus sous le régime de l'abonnement conformément à l'article 86 ci-après.

Il n'est pas dérogé aux dispositions de l'article 7 de la loi du 31 décembre 1907 relatives aux titres énoncés dans les inventaires.

Art. 85. — En ce qui concerne les récépissés de dépôt en vue de la garde des titres, les dispositions de l'article 84 ne sont pas applicables lorsque le dépôt est effectué par une personne qui n'a pas en France de domicile de droit ou de fait. La nationalité et le domicile du déposant devront, en ce cas, être indiqués expressément dans le récépissé de dépôt.

Art. 86. — En ce qui concerne les titres désignés au premier alinéa de l'article 81 pour lesquels le droit de timbre par abonnement, le droit annuel de transmission et la taxe sur le revenu sont acquittés depuis plus de deux ans, d'après une quotité imposable fixée, en moyenne, aux six dixièmes au moins de tous les titres abonnés d'un même type, les lois en vigueur peuvent continuer à être appliquées, si les sociétés ou autres collectivités étrangères qui ont émis ces titres en font la demande dans les neuf mois à compter de la promulgation de la présente loi.

Mais les dispositions des articles 16, 19, 20, 22 à 29, 81 à 84 ci-dessus et 87 ci-après deviendront applicables aux titres dont il s'agit lorsque la quotité imposable moyenne prévue au paragraphe précédent s'abaissera au-dessous de six dixièmes, et dans ce cas, le droit de timbre au comptant, devenu exigible, ne sera perçu qu'au tarif réduit de 1,50 % s'il est acquitté dans l'année qui suivra la notification faite par l'administration que les titres ne sont pas susceptibles d'être maintenus sous le régime de l'abonnement.

En ce qui concerne les sociétés, Compagnies, entreprises, corporations, villes et provinces étrangères, actuellement abonnées, qui renonceraient à l'abonnement ou qui ne pourraient en bénéficier à l'avenir, elles devront prendre à leur charge le droit de timbre afférent à ceux de leurs titres circulant en France. Un décret rendu en forme de règlement d'administration publique déterminera les conditions de présentation de ces titres et fixera les délais dans lesquels le versement du montant des droits devra être effectué par les sociétés, Compagnies et collectivités.

Art. 87. — Toute contravention aux articles 83, 84 et 85 sera punie d'une amende de 5 %, en principal, de la valeur imposable des titres émis, exposés en vente, mis en souscription, négociés, introduits en France, cotés ou énoncés dans les actes, sans que cette amende puisse être inférieure à 100 francs en principal.

L'amende est due personnellement et sans recours par ceux qui ont émis, exposé en vente, mis en souscription, négocié, introduit, coté ou énoncé dans les actes, des titres non timbrés, ou qui ont servi d'intermédiaire pour ces opérations. La même amende sera exigée de ceux qui auront publié l'émission, la mise en souscription, l'exposition en vente ou l'introduction en France sans déclaration préalable. Le souscripteur, preneur ou acheteur de titres non timbrés est tenu solidairement de l'amende, sauf son recours contre celui qui a ouvert la souscription, exposé en vente, émis ou introduit des titres. Tous les contrevenants seront solidaires pour le recouvrement des droits et amendes. Il n'est pas dérogé aux dispositions des deux derniers alinéas de l'article 5 de la loi du 28 décembre 1895 relatifs à l'énonciation dans les actes ou écrits de titres étrangers, sauf application des prescriptions de l'article 7 de la loi du 31 décembre 1907, au cas où cette énonciation est faite dans un inventaire.

Art. 88. — Les sociétés de crédit françaises qui possèdent des établissements à l'étranger et les sociétés étrangères établies en France devront tenir, au siège principal de la société en France, des répertoires où seront mentionnés dans le premier mois de chaque semestre, pour le semestre échu, soit les dépôts de titres ou dépôts de sommes à vue effectués au nom de personnes domiciliées en France, soit les comptes courants de chèques ou comptes courants de toute nature ouverts au nom de personnes domiciliées en France, dans leurs établissements à l'étranger. Ces répertoires devront indiquer le nom et le domicile des titulaires des dépôts ou comptes et la nature des dépôts ou comptes.

Les préposés de l'enregistrement sont autorisés à prendre connaissance de ces répertoires, et sur leur réquisition, les sociétés seront tenues de leur fournir, dans un délai d'un mois, une copie certifiée conforme desdits comptes de dépôts ou comptes courants.

Tout refus de communication des répertoires et des copies de comptes sera constaté par procès-verbal et puni d'une amende de 100 francs par jour de retard à dater du procès-verbal. Toute omission d'inscription aux répertoires dûment établie sera punie d'une amende de 500 à 10.000 francs.

Art. 89. — Tous banquiers français et toutes sociétés de crédit françaises ainsi que tous banquiers étrangers et toutes sociétés de crédit étrangères établis en France, devront tenir, dans chacun de leurs établissements, un répertoire sur lequel ils enregistreront, jour par jour, tous envois de titres ou coupons de valeurs mobilières adressés à l'étranger par des personnes résidant en France pour y être déposés ou encaissés chez un banquier ou dans un établissement de crédit. Le répertoire indiquera le nom et le domicile du propriétaire des valeurs, la désignation du banquier et de l'établissement dépositaire.

Les préposés de l'enregistrement sont autorisés à prendre connaissance de ce répertoire.

Tout refus de communication du répertoire sera constaté par procès-verbal et puni d'une amende de 100 francs par jour de retard à dater du procès-verbal. Toute omission d'inscription au répertoire ou toute inexactitude dûment établie sera punie d'une amende de 500 à 10,000 francs.

Art. 90. — Les dispositions des articles 22 de la loi du 23 août 1871, 7 de la loi du 21 juin 1875 et 5 de la loi du 17 avril 1906 sont étendues, pour l'exécution de la présente loi, à toutes les personnes désignées dans le second alinéa de l'article 23.

Les communications visées ou prescrites par l'alinéa précédent devront être faites, sous les mêmes sanctions, aux fonctionnaires du service de l'inspection générale des finances.

Art. 91. — Indépendamment de l'impôt sur les bénéfices des professions industrielles et commerciales, tel qu'il a été organisé par les articles 30 à 36, il est établi une taxe spéciale sur le chiffre d'affaires réalisé par les établissements désignés ci-après :

Magasins de plusieurs espèces de marchandises ;

Magasins pour la vente en demi-gros ou aux particuliers de vêtements confectionnés ;

Magasins pour la vente en demi-gros ou en détail de quincaillerie, de ferronnerie et d'articles de ménage ;

Magasins pour la vente en demi-gros ou en détail d'épicerie, liqueurs et conserves ;

Lorsqu'ils occupent habituellement plus de dix personnes employées aux écritures, aux caisses, à la surveillance, aux achats et aux ventes intérieures ou extérieures, et lorsque leur chiffre annuel d'affaires dépasse 500.000 francs.

Le taux de l'impôt est fixé conformément au tarif suivant :

1 0/00 sur la fraction du chiffre d'affaires comprise entre 500.001 et 1 million de francs.

2 0/00 sur la fraction du chiffre d'affaires comprise entre 1.000.001 et 5 millions de francs.

3 0/00 sur la fraction du chiffre d'affaires au-dessus de 5 millions de francs.

Les contribuables, visés dans le présent article, sont tenus de faire annuellement, dans les formes et délais prévus par l'article 70 de la présente loi, une déclaration du chiffre total de leurs affaires pendant l'année précédente et de présenter à l'appui de cette déclaration toutes les justifications nécessaires pour en établir l'exactitude.

Sont applicables, en cas d'omission de déclaration et de déclaration inexacte, les sanctions édictées par l'article 50 de la présente loi.

Pour les maisons à succursales multiples rentrant dans la catégorie des établissements visés par le présent article, le chiffre d'affaires sur lequel s'établira la taxe spéciale sera le chiffre global des affaires réalisées par toutes les succursales installées soit dans la ville du siège social, soit dans des villes différentes.

Art. 92. — Les sociétés civiles et commerciales de toute nature, passibles de l'impôt sur les revenus de la 4e catégorie, sont taxées, dans cette catégorie, savoir :

Au taux de 4 %, lorsque leur revenu imposable est supérieur à 1 million et au plus égal à 10 millions ;

Au taux de 4 ½, lorsque leur revenu imposable est supérieur à 10 millions et au plus égal à 20 millions ;

Au taux de 5 %, lorsque leur revenu imposable est supérieur à 20 millions.

Art. 93. — Les sociétés coopératives de consommation et les économats, lorsqu'ils possèdent des boutiques ou magasins pour la vente des denrées ou marchandises, sont passibles de l'impôt de la 4e catégorie, dans les mêmes conditions que les commerçants et industriels.

Toutefois ne sont pas soumis à l'impôt, dans les conditions stipulées par le paragraphe précédent, les syndicats agricoles et les sociétés coopératives, lorsqu'ils se bornent à grouper les commandes de leurs adhérents et à distribuer dans leurs magasins de dépôt les denrées, produits ou marchandises qui ont fait l'objet de ces commandes, ou lorsque, ne comptant qu'une seule catégorie de sociétaires et ne vendant qu'à ces seuls sociétaires pour leur usage personnel ou familial, ils distribuent leurs bonis annuels soit auxdits sociétaires, soit à des œuvres d'utilité générale.

Ces syndicats ou sociétés ne sont frappés de l'impôt de la quatrième catégorie que pour les sommes qu'ils affectent à la rémunération du capital engagé dans l'entreprise.

Pour bénéficier des dispositions des deux derniers paragraphes ci-dessus, les syndicats ou sociétés doivent communiquer leurs écritures, à toute réquisition, aux agents chargés de l'assiette de l'impôt et du contrôle.

Art. 94. — Tout contribuable dont le revenu total ne dépasse pas 12.000 francs a droit à un dégrèvement de 8 francs par personne se trouvant à sa charge.

Toutefois le dégrèvement n'est accordé que pour les descendants ou enfants recueillis en sus du premier.

Sont considérés comme personnes à la charge du contribuable, à condition de n'avoir point de ressources personnelles suffisantes :

1° Les ascendants âgés ou infirmes ;

2° Les descendants ou enfants abandonnés et par lui recueillis, s'ils sont âgés de moins de seize ans ou infirmes.

Pour s'assurer le bénéfice des dispositions qui précèdent, les contribuables doivent faire connaître à l'administration le nombre et l'âge des personnes à leur charge au 1er janvier de l'année pour laquelle le dégrèvement est demandé, et, s'il y a lieu, les impositions auxquelles ils sont assujettis en dehors de la commune de leur domicile, jusqu'à concurrence de la somme nécessaire à l'application intégrale de la déduction sollicitée.

Cette déclaration est produite, à peine de déchéance, au plus tard, dans le mois qui suit la publication du dernier des rôles comprenant les impositions sur lesquelles le dégrèvement doit être imputé.

Si le montant du dégrèvement est supérieur au total des cotisations inscrites dans les rôles au nom du contribuable, ce dernier peut demander le remboursement de l'impôt payé par lui, au titre de la 3e catégorie, sur les revenus des valeurs mobilières à forme nominative échus pendant l'année pour laquelle le dégrèvement est demandé, jusqu'à concurrence du complément de déduction auquel il peut prétendre.

La demande de remboursement ne peut être produite utilement plus de trois mois après l'expiration de ladite année.

En cas de fausse déclaration, les pénalités de l'article 15 sont applicables.

Art. 95. — La transmission des formules de déclaration, des avertissements, et d'une manière générale de tous avis ou communications concernant l'impôt sur les revenus des 4e, 6e, et 7e catégories, ainsi que l'impôt complémentaire sur le revenu, est effectuée en franchise par la voie de la poste et sous enveloppe fermée.

Est tenue en outre au secret professionnel, dans les termes de l'article 378 du Code pénal, et passible des peines prévues audit article, toute personne appelée, à l'occasion de ses fonctions ou attributions, à concourir à l'établissement, à la perception ou au contentieux de l'impôt.

Sont abrogées toutes les dispositions législatives ou réglementaires autorisant les contribuables à se faire délivrer des extraits de rôles autres que ceux concernant leurs propres cotisations.

Toutefois les percepteurs resteront tenus de délivrer à tout requérant des certificats constatant l'inscription ou la non-inscription aux rôles de toutes personnes désignées par ledit requérant.

Art. 96. — Dans tous les cas où des droits et obligations dépendent actuellement du fait de l'imposition à la taxe personnelle, ces droits et obligations seront déterminés à l'avenir par le fait du domicile réel.

Art. 97. — Pour l'assiette de la taxe des biens de mainmorte, les impôts établis sur les revenus des 1re et 2e catégories sont substitués au principal de la contribution foncière.

Art. 98. — Les dispositions édictées pour l'assiette de l'impôt général sur les revenus des diverses catégories ne sont pas applicables aux exploitations minières, qui restent passibles des redevances fixe et proportionnelle conformément à la législation en vigueur.

Art. 99. — Sont réputées non écrites toutes stipulations, quelle qu'en soit la date, tendant :

Soit à assujettir des personnes dégrevées par l'effet de la présente loi à l'obligation de payer à ceux avec lesquels elles ont contracté ou à des tiers, des sommes représentant tout ou partie du dégrèvement ;

Soit à reporter sur autrui les augmentations d'impôts résultant des dispositions de la présente loi ;

Soit enfin à rendre des prêts en cours immédiatement exigibles si les emprunteurs ne prennent pas à leur charge le payement de l'impôt établi par l'article 21 de la présente loi.

Art. 100. — Des règlements d'administration publique détermineront les mesures d'exécution nécessaires pour l'application des dispositions de la présente loi.

En ce qui concerne l'évaluation des bois et forêts, un règlement spécial d'administration publique sera rendu sous le contre-seing du ministre des finances après avis du ministre de l'agriculture.

Art. 101. — La présente loi entrera en vigueur à l'expiration de la première année qui suivra celle de sa promulgation.

À dater de l'entrée en vigueur de ladite loi, les impositions départementales et communales ne pourront être mises en recouvrement qu'en vertu d'une loi spéciale.